»Helmut Schmidt ist gescheitert, aber der Erlöser ist da!«

Horst Haitzinger

Geburtstags-Strauß

Horst Haitzinger

Geburtstags-Strauß

70 Karikaturen zum Siebzigsten

Bruckmann München

Umschlaggestaltung: H. Haitzinger

Herstellung: F. Bruckmann KG, München
Graphische Kunstanstalten
Printed in Germany
ISBN 3 7654 1999 0

»Suchst was, Helmut?«

Mai 1975: Helmut Kohl wartet vergebens auf eine Zustimmung der CSU zu seiner Kanzlerkandidatur.

Der Retter

März 1975: Die Sonthofener Geheimrede von Franz Josef Strauß wird publik.

Versöhnung

Dezember 1976: Nach Rücknahme des Kreuther Beschlusses
fühlen sich sowohl Strauß als auch Kohl als Sieger.

König Alfons von Bayern und Kronprinz Franz Josef

Januar 1977: Ministerpräsident Goppel weigert sich,
sein Amt zugunsten Strauß' vorzeitig zu verlassen.

Napoleon auf Elba

November 1977: Strauß entschließt sich, Bayerischer Ministerpräsident zu werden.

»Das Wort hatte der Abgeordnete Strauß!«

Januar 1978: Bundestagsdebatte

»Da schuf Strauß, der Herr, aus Lehm einen Innenminister
und hauchte ihm seinen Odem ein!«

November 1978: Strauß ernennt Gerold Tandler zum bayerischen Innenminister.

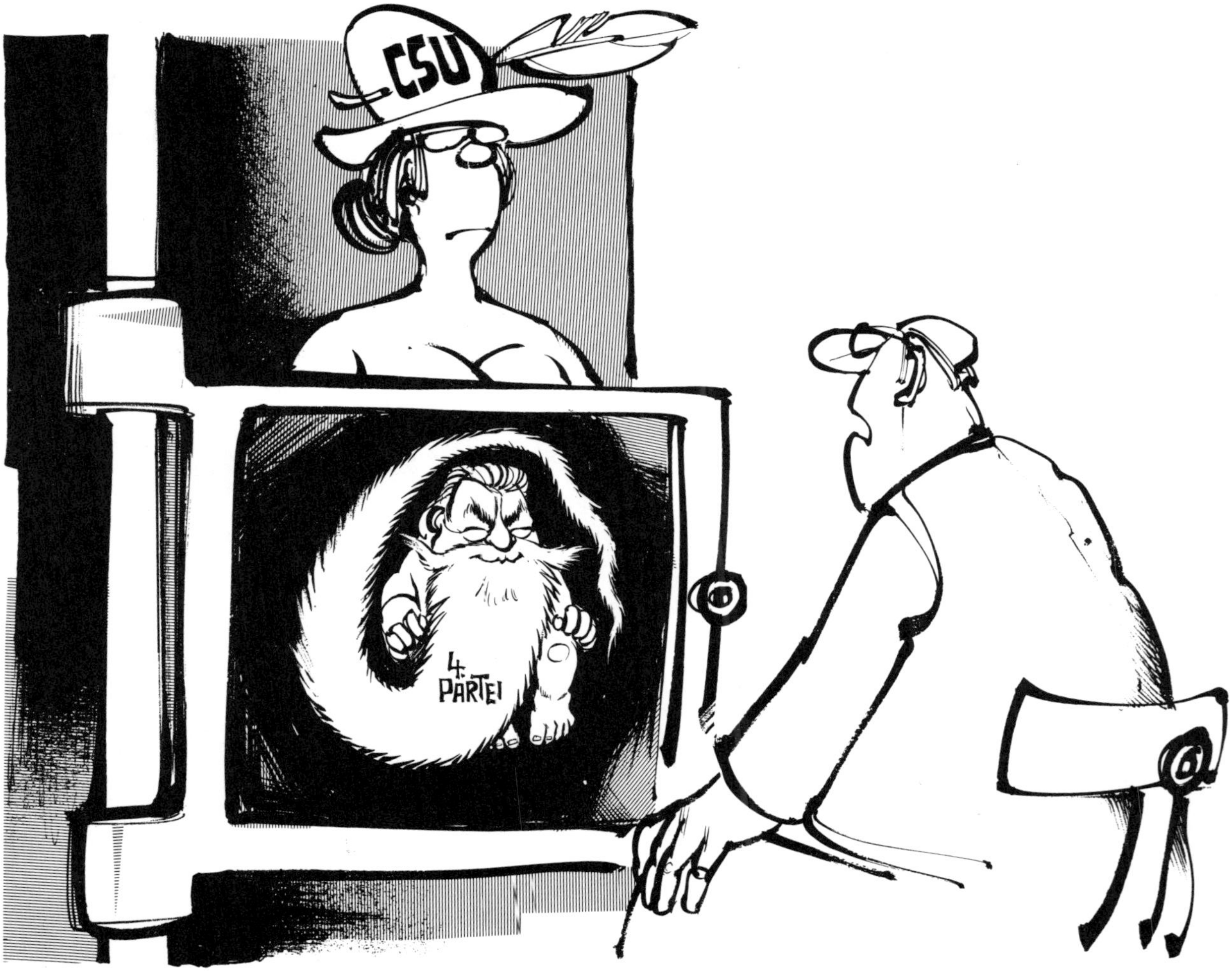

»Wie lang sind Sie eigentlich schon schwanger, gnä' Frau?«

April 1979: Die CSU droht immer wieder mit bundesweiter Ausdehnung.

Die Lotsen wollen an Bord.

Mai 1979: Ernst Albrecht kämpft mit Strauß um die Nominierung
als gemeinsamer Kanzlerkandidat der CDU/CSU.

Schattengewächs

Mai 1979: Helmut Kohl versucht die Kanzlerkandidatur von Strauß mit der Favorisierung Ernst Albrechts zu verhindern.

»Küsse mich, und ich verwandle mich in einen
wunderschönen Bundeskanzler!«

Mai 1979: In der CDU regt sich Widerstand gegen eine Kanzlerkandidatur von Strauß.

Bajuwarix' Zaubertrank

September 1979: Die CSU wählt ihren Vorsitzenden mit einer 98,9%igen Mehrheit wieder.

Europa-Paarlauf

Februar 1980: Strauß zeigt sich unzufrieden mit der deutsch-französischen Zusammenarbeit.

»Erinnerst Du Dich, Schwesterl, vor vier Jahren wärst Du mir hier fast ersoffen.«

Januar 1980: Auf dem CSU-Parteitag in Wildbad Kreuth einigen sich CSU und CDU auf gemeinsame Wahlstrategien.

Der Liebesbrief (frei nach Carl Spitzweg)

März 1980: Die CSU erklärt ihre Bereitschaft zu einer Koalition mit der F.D.P. bei einem eventuellen Wahlsieg.

»Das gellende Lachen verstummt zumal, es wurde leichenstill im Saal ...«
(Heinrich Heine »Belsazar«)

April 1980: Die CDU muß schwere Verluste bei den Landtagswahlen im Saarland hinnehmen.

»Wart's ab bis unser Franz Josef Kanzler ist,
für den ist sowas a Kleinigkeit!«

April 1980

Mannschaft der Ermutigung und Zuversicht

Mai 1980: Parteitag der CDU in Berlin unter dem Motto »Parteitag der Ermutigung und Zuversicht«.

»Sie haben sich irgendwie verändert, Herr Oberförster!«

Mai 1980: Die CDU muß bei den Landtagswahlen in Nordrhein-Westfalen Verluste hinnehmen.

Die Entgleisung

September 1980: Kanzlerkandidat Strauß beschuldigt in einem Interview Innenminister Baum der Mitschuld am Oktoberfest-Attentat.

»Liebe Brüder und Schwestern im Herrn...«

September 1980: Im Wahlkampf 1980 sorgt in der Endphase ein katholischer Hirtenbrief zugunsten der Unionsparteien für politischen Zündstoff.

»... und proklamieren hiermit
›Das von Bonn unabhängige Königreich Bayern‹.«

Oktober 1980: Franz Josef Strauß und die Unionsparteien müssen bei der Bundestagswahl eine Niederlage hinnehmen.

Götterdämmerung?

November 1980: Kritik der CSU-Landtagsfraktion an Ministerpräsident Strauß

»... wenn mir bitte jemand beim Umblättern helfen würde ...«

November 1980: Der Bundes- und »Welt«-Politiker Strauß gibt im Landtag seine Regierungserklärung als Bayerischer Ministerpräsident ab.

»Sie fuhren genau richtig, nur der Baum stand falsch!«

Dezember 1980: CSU-Generalsekretär Stoiber bescheinigt seinem Vorsitzenden, die CSU im Wahlkampf optimal geführt zu haben.

»Meine Herren, Sie sind abgesetzt!«

Dezember 1980: Strauß kritisiert die lange Dauer des Untersuchungsausschusses im Fall Wolf.

»Ehrlich, ich hab dem Wolf nichts getan!«

Februar 1981: In der Affäre um den von Strauß abgesetzten Polizeivizepräsidenten Wolf behauptet Strauß, Wolf nicht abgesetzt zu haben.

»Unsere Werbeagentur meint, damit sind wir unschlagbar!«

August 1980: Es herrscht Wahlkampf und ein total verregneter Sommer.

»Mensch Maier, merken Sie denn nicht, daß Sie auf dem Kopf stehen?«

Juli 1981: Schwere Kontroverse zwischen Ministerpräsident Strauß und Kultusminister Maier um einen Artikel des »Bayernkurier« über den »Münchner Merkur«.

»... Volltreffer, wir feuern gleich noch einmal!«

Juli 1981: Der »Bayernkurier« wiederholt seine Vorwürfe gegen den »Merkur«.

Vertreibung aus dem Paradies!

Oktober 1981: Friedensforscher Alfred Mechtersheimer wird aus der CSU ausgeschlossen.

»Ignorieren, einfach ignorieren!«

November 1981: Der Besuch Breschnews in der Bundesrepublik wird von Strauß mit heftiger Kritik an der Regierung Schmidt begleitet.

Die (ständige) Versuchung des heiligen Hans-Dietrich

Mai 1982: Die Union wirbt um die F.D.P.

»Jetzt hamma die Rindviecher und Superdeppen, und wer sind die Lumpen, Papa?«

März 1982: Strauß-Sohn Max Josef beschimpft politische Gegner als Rindviecher, Superdeppen und Lumpen.

»Wir erlauben und verbieten Ihnen hier folgendes: ...«

Juni 1982: Die vom Verschwinden bedrohte F.D.P. stellt an die CSU Bedingungen und Forderungen zur Koalitionsbildung.

Ich bin der Cicero
aller Barbiere
und gratuliere
mir zu dem Glück!

Ha, bravo, Figaro,
bravo, bravissimo.
Ich bin der Glücklichste
durch mein Geschick.

Jedem zu Diensten
zu allen Stunden,
umringt von Kunden,
bald hier, bald dort.

August 1982: Aus seinem Urlaubsort in Frankreich überschwemmt Franz Josef Strauß die Bundesrepublik mit Stellungnahmen, Interviews, Grußbotschaften u. a. m.

Nord-Süd-Gefälle

Oktober 1982: Nach dem guten Wahlergebnis bei den bayerischen Landtagswahlen wird gegenüber der CDU von einem Nord-Süd-Gefälle gesprochen.

Sandmännchen ist wieder da

Oktober 1982: Strauß geht auf Distanz zur Bonner Regierung.

»...soweit meine Erklärung, kapiert?«

November 1982: In seiner Regierungserklärung macht Franz Josef Strauß den Bundeskanzler Helmut Schmidt für alle Negativposten verantwortlich.

November 1982: Die kränkelnde F.D.P. erklärt die CSU zu einem ihrer Hauptgegner im Wahlkampf.

»Hier steh ich, ich kann nicht anders.«

Januar 1983: In der Frage der sogenannten Zwangsanleihe für Besserverdienende nehmen CSU und F.D.P. gegensätzliche Standpunkte ein.

In einem kühlen Grunde...

Februar 1983: Die F.D.P. wirbt im Wahlkampf um Unions-Zweitstimmen.

»Ich sagte: Die Gottheit will ihr Opfer, Freiwillige vor!«

März 1983: Bei der Regierungsbildung stellt die CSU ihre Forderungen.

»Es ist dem Koalitionsklima nicht dienlich, wenn Sie dauernd so provozierend ›au!‹ schreien!«

Mai 1983: Die CSU reagiert auf zurückgewiesene Vorwürfe der F.D.P. mit neuen Angriffen.

»Spannend, gell?«

März 1983: Anhaltende Ungewißheit über Strauß' Beteiligung an der Dreier-Koalition.

März 1983: Die für Franz Josef Strauß interessanten Ministerien im Kabinett Kohl sind bereits besetzt.

Amok unterwegs!

April 1983: Strauß attackiert aufs heftigste die Außen- und Deutschlandpolitik der CDU/CSU-F.D.P.-Regierung.

Politische Landschaft mit im Dorf gebliebener Kirche und Kölner Dom

Mai 1983: Helmut Kohl beantwortet die Forderungen des CSU-Vorsitzenden nach stärkerer Regierungsbeteiligung der CSU mit der Bemerkung »Man müsse die Kirche im Dorf lassen«.

Moses in der Wüste?

Juli 1983: Die CSU zeigt sich enttäuscht über ausbleibende Gegenleistungen der DDR für den Milliardenkredit.

Merkur und Jupiter

Juli 1983: Strauß reagiert heftig auf die Kritik des »Münchner Merkur« am Führungsstil des CSU-Vorsitzenden.

»Hier König von Togo, veranlassen Sie bitte den Umzug der Münchner Staatskanzlei!«

Mai 1983: Strauß wird anläßlich einer Reise nach Togo von der dortigen Bevölkerung enthusiastisch gefeiert.

Völlig losgelöst, von der Erde...

Szenen einer Ehe

Juli 1983: Der von Strauß »eingefädelte« Milliardenkredit an die DDR stößt bei großen Teilen der CSU auf heftigen Widerstand.

»Da gibt's tatsächlich Banausen, die dieses geniale Kunstwerk nicht von dieser scheußlichen Stümperei daneben unterscheiden können!«

Juli 1983: Viele CSU-Mitglieder sehen im Milliardenkredit für die DDR die Fortsetzung der jahrelang bekämpften SPD-Ostpolitik.

»Wer besitzt denn hier die unglaubliche Geschmacklosigkeit, zu behaupten, ich hätte etwas Unkeusches getan!«

Juli 1983: Strauß bestreitet, seine jahrelang verfochtene außenpolitische Linie verlassen zu haben.

Quäle nie ein Tier zum Scherz!

August 1983: Wirtschaftsminister Graf Lambsdorff kritisiert in mehreren Interviews den CSU-Vorsitzenden.

»Du erwartest mich doch dringend, Helmut, oder?«

Oktober 1983: Franz Josef Strauß meldet wieder seinen Anspruch auf ein Ministeramt in Bonn an.

»Sie haben alles begriffen, Tandler?«

Oktober 1983: Strauß' Autotelefon wird von einem Amateurfunker abgehört.

Von Drei, die auszogen, Franz Josef zu stürzen

November 1983: Drei CSU-Aussteiger gründen eine eigene Partei.

Saubermann unterwegs?

Januar 1984: Zum wiederholten Male verdichten sich Gerüchte,
daß Strauß auf dem Weg ins Bonner Kabinett sei.

»...irgendein verrückter Herr Genscher... behauptet, *er* wäre der deutsche Außenminister.«

Februar 1984: Strauß konferiert im Verlauf einer Nahost-Reise mit dem syrischen Präsidenten Assad.

Das Kronagewitter

März 1984: Die CSU verliert München wieder an den früheren OB Georg Kronawitter.

»Mein Sohn, Deine Sünden sind Dir vergeben!«

Mai 1984: Die Regierungsparteien beschließen, sich mit einem Amnestiegesetz selbst die Absolution zu erteilen.

Bonner Badesaison

Juni 1984

»Schade, das haben wir leider schon alles gesehen!«

Juli 1984: Ob Strauß nach Bonn geht oder nicht, bleibt Dauerthema.

»Bravooo!«

Oktober 1984: Zum wiederholten Male beteuern Kohl und Strauß ihre Einigkeit nach vorhergegangenen Auseinandersetzungen.

Pausenloses Oktoberfest

Oktober 1984: Auch während des Münchner Oktoberfestes, Strauß bleibt ein heftiger Kritiker der Bundesregierung.

Auf dem Bonner Rütli

Juni 1985

»Herr Ministerpräsident, fehlt Ihnen was?«

November 1984: Ein seltenes Ereignis: Strauß lobt Kohl.